CÚPULA COCINA

Recetas
muy rápidas
en22minutos

Jenni Fleetwood

Título original: *The ultimate 30 minute cookbook*
Traducción: Sara Blanquer
©Anness Publishing Limited, 1998
©Grupo Editorial Ceac, S.A., 2000
Para la presente versión y edición en lengua castellana
Libros Cúpula es marca registrada por Grupo Editorial Ceac, S.A.
ISBN: 84-329-2406-7
Depósito legal: B. 3.692-2000
Industria Gráfica Domingo, S.A.
Impreso en España - *Printed in Spain*
Grupo Editorial Ceac, S.A. Perú, 164 - 08020 Barcelona
Internet: http://www.ceacedit.com

CONTENIDO

INTRODUCCIÓN

La comida, en todas las culturas, es un acto relevante con multitud de connotaciones implícitas. La gastronomía de cada país nos habla de sus gentes y de sus costumbres, de su clima y de su economía. En nuestra sociedad se convierte a menudo en la protagonista de multitud de reuniones sociales y de celebraciones familiares; y es que una buena mesa suele dar pie a agradables conversaciones y a amenas tertulias con amigos.

No cabe duda de que la comida es uno de los grandes placeres de esta vida, pero cada vez disponemos de menos tiempo para poder disfrutar de ella. Con este libro nos gustaría demostrar que el agitado ritmo de vida actual, al que muchas veces nos vemos sometidos, no es necesariamente incompatible con la buena mesa.

Un plato tan sencillo de preparar como *Tostadas a los tres quesos* o *Pizzas de pan francés con alcachofas* resultará una tapa estupenda para compartir con amigos en una cena informal; y es que muchas veces lo más sencillo es también lo mejor. Para ocasiones más solemnes una buena idea es servir *Buñuelos de calabacín con ensalada variada*, de entrante, y *Caballa con mostaza y limón*, como plato principal. Un postre de elegante presentación y además muy delicioso son las *Cestitas de frutas rojas*.

En este recetario hemos querido incluir recetas convencionales, como una sencilla *Crema de guisantes*, y otras más exóticas como *Pescado a las cinco especias*. Así, dispondrá de un amplio abanico de posibilidades a la hora de programar tanto los menús de cada día como los de los días especiales.

En grandes supermercados o en establecimientos especializados en comidas exóticas encontrará ingredientes como fideos de celofán o *vermicelli*, salsa de soja clara u oscura, polvo de cinco especias chinas o salsa de pescado. Recuerde que la salsa de soja clara es salada y no altera el color de la comida, mientras que la oscura es más dulce.

Las salsas nos ofrecen todo un mundo de sabores y pueden ser el complemento que acabe de definir el sabor inicial de un plato. Nos brindan la posibilidad de hacer variada a la vista y al paladar una comida compuesta de un solo alimento. Nos bastará con asar, hervir o cocer al vapor una pieza de carne o un pescado y servirlo acompañado de tantas variedades de salsa como nuestra imaginación y nuestro tiempo nos permita. Pruebe a hacer las *Chuletas de cordero con vinagreta a la menta* y comprobará que gran parte del secreto de esta receta reside en su original salsa a base de vinagre, miel, ajo, aceite, tomate y menta.

Una simple salsa con yogur, queso rallado y mostaza convertirá un sencillo plato de coliflor y brócoli en algo delicioso. La salsa holandesa, tártara o el *ketchup* nos ayudarán a enriquecer y a hacer todavía más sabroso cualquier plato.

LOS CONSEJOS DEL COCINERO

El resultado del plato dependerá tanto de la habilidad del cocinero como de la calidad de los ingredientes que utilice, por lo cual le recomendamos que procure sacar el máximo provecho de los productos frescos de temporada.

Comprobará que las verduras son las protagonistas de los entrantes y también de las guarniciones, mientras que la carne, ya sea de cordero, vacuno o cerdo, así como el pescado y el marisco son los ingredientes principales de los segundos platos.

Tampoco hemos querido que faltasen los arroces y las pastas, los cuales son materia prima de una suculenta cocina con ecos orientales y mediterráneos y que pueden prepararse de variadísimas formas. Tanto el arroz como la pasta, con sus formas caprichosas, nos brindan la oportunidad de conjugar sabor con nutrición, ya que son ricos en hidratos de carbonos y muy saludables. Otras ventajas, no menos importantes, son la rapidez con que pueden prepararse y lo económicos que resultan. Por todo ello, en este libro de recetas en 22 minutos hemos incluido platos tan apetitosos como *Arroz rojo frito* o *Espaguetis con salsa de marisco*.

El arroz es un alimento que se utiliza en casi todas las cocinas del mundo. Existe de muy distintos tipos y es importante conocerlos, ya que de su elección dependerá en gran parte el éxito final del plato. Existe arroz de grano largo, de grano redondo, integral o *basmāti*, entre muchos otros.

Los huevos, por su parte, son una gran fuente de proteínas, están presentes en todas las neveras y además ofrecen una gran variedad de posibilidades a la hora de prepararlos. *Tortilla de hierbas con ensalada de tomate* o *Huevos escalfados con espinacas* son dos recetas que aparecen en este libro y que demuestran que un simple huevo puede convertirse en pocos minutos en un plato original y

apetitoso. El huevo es un alimento muy completo, que se emplea tanto para preparar una comida salada como un delicioso postre. Cuando los compre, asegúrese de que sean bien frescos ya que los huevos, al igual que las hortalizas o las frutas, pierden sus cualidades con rapidez.

Es interesante que tenga la despensa bien surtida de conservas ya que son un estupendo recurso a la hora de preparar toda clase de platos. Además, actualmente, los vegetales que podemos encontrar envasados son muy numerosos. Entre las hortalizas en conserva destacan todas las de raíz comestible, como la zanahoria y la remolacha; los bulbos, como el apio o las cebollas; las de tallo, como los espárragos; las legumbres, como los guisantes y las lentejas; o las semillas, como la soja. Si no ha tenido tiempo de ir a la compra y quiere preparar una comida rápida a base de verdura, puede utilizar productos congelados. Los guisantes, corazones de alcachofa, espinacas, brócoli, etcétera, son una ayuda eficaz a falta de verduras frescas.

La harina, la mantequilla y el azúcar, junto con los huevos, tampoco pueden faltar en ninguna cocina ya que son ingredientes imprescindibles a la hora de elaborar los deliciosos postres que se incluyen en este libro.

Así pues, póngase manos a la obra y disfrute preparando y saboreando los deliciosos platos que aparecen en este libro de recetas en 22 minutos.

TÉCNICAS DE COCINA RÁPIDA

Todo cocinero necesita dominar ciertas técnicas de cocina rápida que puedan ser utilizadas para preparar una comida en cuestión de minutos. Uno de los principios básicos es saber hacer una salsa de tomate casera. Puede emplearla para la pasta o la pizza, para condimentar salchichas ahumadas o puede verter un poco por encima de un bistec asado o de una pechuga de pollo. Otra posibilidad es especiarla con guindillas, o servirla con un huevo frito o bien sobre un plato de coliflor o de judías. También puede espolvorearla con queso rallado y gratinarla hasta que esté dorada. Además, existen tres grandes recursos culinarios: los crepes, la salsa de chocolate y el puré de frambuesas. Los crepes pueden servirse con limón y azúcar, pero son todavía más deliciosos si se les añade salsa de chocolate casera o puré de frambuesas que le servirán también para cubrir un helado, un merengue o una fruta. El puré de frambuesas está exquisito untado sobre rebanadas de brioche previamente remojàdas en huevo y nata líquida y fritas en mantequilla.

En las recetas de este libro, se han utilizado las abreviaturas cs y cp para indicar cucharada sopera y cucharadita de postre respectivamente.

SALSA DE TOMATE

Tiempo de preparación: 10 min
Tiempo de cocción: 20 min

SE OBTIENEN APROX. 300 ML

15 ml o 1 cs de aceite de oliva
1 cebolla, picada fina
1 diente de ajo, majado
400 g de tomates troceados
1 cs de tomate triturado
1 cs de hierbas frescas variadas
un pellizco de azúcar
sal y pimienta negra molida

1 Caliente el aceite en un cazo, añada la cebolla y el ajo, y rehóguelo a fuego lento unos 5 min removiendo de vez en cuando.

2 Añada los tomates. Luego, agregue el tomate triturado, las hierbas frescas, el azúcar, la sal y la pimienta negra.

3 Cuando rompa a hervir, deje que se cueza sin tapar y a fuego medio durante unos 15 min removiendo hasta que la mezcla haya quedado reducida a una textura carnosa. Deje que se enfríe, tape la salsa y guárdela en la nevera hasta el momento de utilizarla.

COCER PASTA

Tiempo de preparación: ninguno
Tiempo de cocción: 3-12 min

RACIONES: 4

350 g de pasta
sal
30 ml o 2 cs de aceite de oliva y una
nuez de mantequilla, al servir

1 Llene una olla grande con agua y un poco de sal y llévela a ebullición. Eche la pasta y remuévala para que no se pegue.

2 Cuézala hasta que esté *al dente*. Cuando corte la pasta por la mitad tiene que estar hecha por dentro.

3 Escurra bien la pasta en un colador y muévalo con fuerza para eliminar el exceso de agua. Pase la pasta a un bol y vierta un chorrito de aceite de oliva o una nuez de mantequilla. Espolvoree un poco de queso parmesano rallado o bien añádale su salsa preferida.

CONSEJO DEL COCINERO
Cueza siempre la pasta en una olla grande con agua abundante para evitar que se pegue.

MASA RÁPIDA PARA PIZZA

Tiempo de preparación: 10 min
Tiempo de cocción: 20 min

RACIONES: 4-6

115 g de harina blanca para pizza
(no necesita levadura)
115 g de harina integral para pizza
(no necesita levadura)
un pellizco de sal
50 g de mantequilla, a dados
150 ml aprox. de leche
salsa de tomate (véase receta en pág. 10)
ingredientes a elegir

1 Precaliente el horno a 220 °C. Mezcle las harinas y la sal en un cuenco. Añada la mantequilla. Agregue la leche y trabájelo.

2 Amáselo hasta obtener una textura suave. Estire la masa y forre un molde de 30 x 18 cm. Levante el contorno de la masa para formar un pequeño reborde y esparza la salsa de tomate. Añada sus ingredientes favoritos y hornéela unos 20 min.

PURÉ DE FRAMBUESA

Tiempo de preparación: 1-2 min
Tiempo de cocción: 1-5 min

1 Limpie y seque las frambuesas frescas y páselas por la batidora. Pulse la batidora unas pocas veces, rebañando los restos de las paredes del recipiente una o dos veces hasta conseguir un puré.

2 Si utiliza frambuesas congeladas, póngalas en un cazo con un poco de azúcar y cuézalas a fuego lento durante 5 min hasta que estén blandas y hayan soltado el jugo. Luego, déjelas enfriar.

3 Tamice el puré con un colador fino para eliminar las pieles y las semillas. Endúlcelo con un poco de azúcar glas e intensifique el sabor añadiendo zumo de limón o licor de frutas, al gusto.

CONSEJO DEL COCINERO
Puede emplear otras frutas blandas de verano. Pruebe a hacerlo con fresas o arándanos, o bien con melocotones, albaricoques o nectarinas, que previamente se deberán escalfar.

SALSA DE CHOCOLATE

Tiempo de preparación: 1 min
Tiempo de cocción: 5 min

SE OBTIENEN APROX. 250 ML

150 ml de crema de leche
1 cs de azúcar extrafino
150 g de chocolate de buena calidad,
troceado
30 ml o 2 cs de ron negro o whisky
(opcional)

1 Aclare un cazo pequeño con agua fría. Esto evitará que la salsa se pegue en el fondo del cazo. Vierta la crema de leche, añada el azúcar y llévelo a ebullición a fuego medio.

2 Retire el cazo del fuego y añada el chocolate por tandas, removiendo cada vez hasta que el chocolate se haya fundido. Agregue el ron o el whisky, si lo emplea.

1 Tamice la harina en un cuenco y añádale el azúcar. Haga un hoyo en el centro y agregue el huevo y la mitad de la leche. Remueva y vaya añadiendo poco a poco los ingredientes secos hasta obtener una textura suave. Luego, vierta el resto de la leche y bátalo.

3 Vierta el chocolate en una jarra y empléelo enseguida. Si no lo va a utilizar, vierta la salsa en un tarro de vidrio y enfríelo. Puede guardarlo en la nevera más de 10 días. Sírvalo frío o caliente.

2 Agregue a la masa casi toda la mantequilla derretida. Caliente una sartén para crepes y engrásela ligeramente con mantequilla. Eche 60 ml o 4 cs de la masa, ladeando la sartén para que se reparta uniformemente. Cuézalo hasta que el crepe esté hecho y aparezcan pequeños agujeros en la superficie. Levante el borde y compruebe que la base esté dorada. Déle la vuelta lanzándolo al aire y hágalo por el otro lado.

CREPES PERFECTOS

Tiempo de preparación: 5 min
Tiempo de cocción: 20 min

SE OBTIENEN APROX. 12

175 g de harina de trigo
2 cp de azúcar extrafino
2 huevos
450 ml de leche
25 g o 2 cs de mantequilla, derretida

CREMA DE PIMIENTO
CON GUINDILLA Y LIMA

El intenso color rojo de esta sopa la convierte en un entrante muy atractivo.

Tiempo de preparación
y de cocción: 20 min

RACIONES: 4-6

4 pimientos rojos, sin semillas y troceados
1 cebolla grande, picada
5 ml o 1 cp de aceite de oliva
1 diente de ajo, majado
1 guindilla roja pequeña, sin semillas
*   y cortada a rodajas*
3 cs de tomate triturado
900 ml de caldo de pollo
el zumo y la corteza rallada fina de 1 lima
sal y pimienta negra molida
tiras finas de corteza de 1 lima,
*   para adornar*

2 Añada el ajo, la guindilla y la salsa de tomate. Vierta la mitad del caldo y llévelo a ebullición. Tape la cazuela, baje el fuego y deje que se cueza durante 10 min.

3 Pase la mezcla por la batidora o la trituradora. Luego, devuélvala a la cacerola y añada el resto del caldo.

1 Caliente el aceite y rehogue los pimientos y la cebolla en una cazuela tapada durante 5 min, agitándola de vez en cuando.

4 Agregue el zumo y la corteza de lima rallada a la sopa, y salpimiéntela al gusto. Llévela de nuevo a ebullición y sírvala enseguida con las tiras de corteza de lima esparcidas por encima.

CONSEJO DEL COCINERO
Puede sustituir los pimientos rojos por pimientos amarillos o naranjas. Si no tiene guindilla fresca (o si no dispone de tiempo para quitarle las semillas y cortarla a rodajas), añada un poco de tabasco a la sopa.

CREMA DE GUISANTES

Para preparar esta receta necesita guisantes frescos, pero desgranarlos puede llevarle bastante tiempo. Lo ideal es que deje esta tarea en manos de algún ayudante o bien emplee guisantes congelados, pero descongélelos y límpielos antes de utilizarlos.

Tiempo de preparación: 2-5 min
Tiempo de cocción: 15 min

RACIONES: 2-3

una nuez pequeña de mantequilla
2-3 chalotes, picados finos
400 g de guisantes frescos, pelados
  (o alrededor de 1,4 kg de guisantes
  congelados, descongelados)
475 ml de agua
45-60 ml o 3-4 cs de nata líquida (opcional)
sal y pimienta negra molida
picatostes o beicon crujiente desmenuzado,
  para adornar

1 Derrita la mantequilla en una cazuela y rehogue los chalotes unos 3 min, removiendo de vez en cuando.

2 Añada los guisantes, el agua, y un poco de sal y pimienta. Tápelo y deje que se cueza unos 12 min si se trata de guisantes tiernos o congelados y más de 15 min si son guisantes grandes o viejos, removiendo de vez en cuando.

3 Cuando los guisantes estén tiernos páselos por la batidora o trituradora con un poco del líquido de la cacerola hasta obtener una crema.

4 Cuele la crema de guisantes, añada la nata, si emplea, y caliéntela sin que llegue a hervir. Sazónela y sírvala caliente decorada con picatostes o beicon.

CONSEJO DEL COCINERO
Si utiliza guisantes congelados, sustituya el agua por caldo vegetal o por un caldo de pollo ligero, ya que no serán tan sabrosos como los guisantes frescos. En vez de verter la nata por encima de la crema, espárzala ligeramente por la superficie antes de servirla.

CHOWDER DE MAÍZ Y CANGREJO

La palabra chowder procede de una palabra francesa que designa un puchero grande. Éste era el recipiente que empleaban los pescadores de la costa Este de Norteamérica para cocer, a la hora de la cena, lo que había sobrado de la venta del día.

Tiempo de preparación: 5 min
Tiempo de cocción: 14 min

RACIONES: 4

25 g o 2 cs de mantequilla
1 cebolla pequeña, picada
350 g de maíz dulce de lata, escurrido
600 ml de leche
175 g de carne blanca de cangrejo de lata, escurrida y desmenuzada
115 g de gambas cocidas, peladas
2 cebolletas, picadas finas
150 ml de crema de leche
un pellizco de pimienta de Cayena
sal y pimienta negra molida
4 gambas cocidas con piel, para adornar

1 Derrita la mantequilla en una cacerola grande y rehogue la cebolla a fuego lento durante 4-5 min, o hasta que esté dorada.

2 Añada la leche y el maíz dulce a la cacerola, reservando 2 cs de maíz para adornar. Cuando la leche rompa a hervir, baje el fuego, tape la cacerola y deje que se cueza durante 5 min, removiendo de vez en cuando.

3 Pase la mezcla de maíz dulce por la batidora o trituradora hasta obtener una textura cremosa.

4 Devuelva la mezcla a la cacerola, añada el cangrejo, las gambas, las cebolletas, la nata líquida y la pimienta, y recaliéntela ligeramente.

5 Mientras tanto, tueste los granos de maíz que se han reservado en una sartén pequeña sin aceite hasta que estén dorados. Sazone la sopa y sirva cada plato con unos granos de maíz por encima y una gamba entera.

SALSA DE CABALLA AHUMADA Y MANZANA

Este puré de pescado se sirve con trozos de pan al curry.

Tiempo de preparación: 5 min
Tiempo de cocción: 10 min

1 Pase la caballa ahumada por la trituradora junto con la manzana, el queso fresco, la sal y la pimienta.

2 Triture la mezcla durante 2 min o hasta obtener una textura muy suave. Compruebe el punto de sal y pásela a un bol pequeño.

3 Precaliente el horno a 200 °C. Ponga las rebanadas de pan en una placa para el horno. Mezcle la mantequilla y la pasta de *curry* y unte el pan.

RACIONES: 6-8

*350 de caballa ahumada, sin piel
   ni espinas
1 manzana ácida, pelada sin corazón
   y cortada a dados
150 g de queso fresco
un pellizco de pimentón o* curry *en polvo
sal y pimienta negra molida
rodajas de manzana, para adornar*
Para los trozos de pan
*25 g o 2cs de mantequilla blanda
1 cp de pasta de* curry
4 rodajas de pan de molde, sin la corteza

4 Ponga el pan en el horno durante unos 10 min, o hasta que esté dorado y crujiente. Córtelo a tiras y sírvalo enseguida junto con la caballa ahumada, adornada con unas rodajas de manzana.

CONSEJO DEL COCINERO
En vez de emplear rebanadas de pan normal puede utilizar otro tipo de panes. Queda estupendo con pan integral, pan de centeno, pan *pitta* o *chapata* italiana.

HUEVOS ESCALFADOS CON ESPINACAS

Este clásico de la cocina puede servirse como entrante, pero también resulta excelente como almuerzo ligero.

Tiempo de preparación: 2 min
Tiempo de cocción: 12 min

RACIONES: 4

25 g o 2 cs de mantequilla
450 g de espinacas tiernas
2,5 ml o ¹/₂ cp de vinagre
4 huevos
sal y pimienta negra molida
Para la salsa holandesa
175 g de mantequilla, cortada
en trozos pequeños
2 yemas
15 ml o 1 cs de zumo de limón
15 ml o 1 cs de agua
sal y pimienta blanca molida

1 Para hacer la salsa holandesa, derrita la mantequilla a fuego lento en un cazo pequeño. Cuando comience a burbujear retírela del fuego.

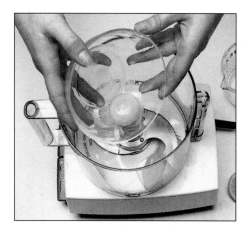

2 Pase las yemas, el zumo de limón y el agua por la batidora o trituradora. Añada poco a poco la mantequilla sin dejar de batir hasta que vaya adquiriendo consistencia. Cuando la salsa se haya espesado, sazónela y, si es necesario, añada más zumo de limón. Ponga la salsa en un bol, tápela y manténgala fría.

3 Derrita la mantequilla en una sartén a fuego medio. Eche las espinacas y rehóguelas hasta que se marchiten, removiendo de vez en cuando. Sazónelas y manténgalas calientes.

CONSEJO DEL COCINERO
La salsa holandesa es rápida y fácil de preparar en la trituradora o batidora. Si lo desea, puede prepararla una o dos horas antes y mantenerla fresca en un tarro.

4 Para escaldar los huevos, lleve un cazo con agua hirviendo y un poco de sal a ebullición y añada el vinagre. Casque el huevo en un plato y échelo en el agua hirviendo. Baje el fuego y deje que se cueza hasta que la clara se haya cuajado y la yema todavía esté blanda. Retírelo con una espumadera y escúrralo. Manténgalo caliente mientras prepara el resto de los huevos.

5 Reparta las espinacas en platos individuales y haga un hoyo en el centro de cada montón. Ponga los huevos encima y corónelos con un poco de salsa holandesa. Ofrezca el resto de la salsa por separado.

ESPÁRRAGOS CON SALSA DE NARANJA

Los espárragos blancos franceses están considerados como una auténtica delicia, aunque no tienen el intenso sabor de los verdes. Es mejor pelar los espárragos blancos o los verdes grandes antes de cocinarlos.

Tiempo de preparación: 2-3 min
Tiempo de cocción: 15 min

RACIONES: 6

175 g de mantequilla sin sal, cortada a dados
3 yemas
15 ml o 1 cs de agua fría
15 ml o 1 cs de zumo de limón
el zumo y la corteza rallada de una naranja, y un poco más de corteza de naranja, para adornar
sal y pimienta de Cayena, al gusto
30-36 espárragos gruesos

1 Derrita la mantequilla en un cazo pequeño y a fuego lento, sin que llegue a hervir. Elimine la espuma y reserve.

2 Bata a mano las yemas, el agua, el zumo de limón y 15 ml o 1 cs del zumo de naranja en un bol resistente al calor colocado sobre una cacerola con agua ligeramente caliente. Sale la mezcla y ponga la cacerola a calentar a fuego lento, removiendo constantemente hasta que la salsa comience a espesarse. Aparte la cacerola del fuego.

3 Añada la mantequilla, trocito a trocito, y cuando la salsa comience a espesarse, échela un poco más rápido. Agregue la corteza de naranja y 30-60 ml o 2-4 cs del zumo de naranja. Sazónela con sal y pimienta y manténgala caliente, removiendo de vez en cuando.

4 Deseche los extremos duros de los espárragos y córtelos de manera que tengan la misma longitud. Si los pela, sujete cada espárrago por la punta con cuidado y utilice un pelaverduras para quitarles la piel. Límpielos con agua fría.

5 Cubra con 5 cm de agua una sartén grande o un wok y llévela a ebullición a fuego medio-alto. Eche los espárragos, llévelo de nuevo a ebullición y deje que se cuezan durante 4-7 min, o hasta que estén tiernos.

6 Ponga los espárragos con cuidado en un colador para que se escurran. Luego, extiéndalos sobre un paño de cocina y séquelos. Distribúyalos en una fuente o bien en platos individuales y vierta un poco de salsa por encima. Esparza la corteza de naranja por encima de la salsa y sírvalos enseguida.

ENSALADA NIÇOISE

Tiempo de preparación
y de cocción: 20 min

RACIONES: 4

90 ml o 6 cs de aceite de oliva
30 ml o 2 cs de vinagre de estragón
1 cp de mostaza de estragón o de Dijon
1 diente de ajo pequeño, majado
115 g de judía boby
12 patatas pequeñas nuevas o de ensalada
3-4 cogollos de lechuga
200 g de atún en aceite, escurrido
6 filetes de anchoas, cortados a lo largo
*   por la mitad*
12 aceitunas negras con hueso
4 tomates, troceados
4 cebolletas, picadas finas
2 cp de alcaparras
2 cs de piñones
2 huevos duros, troceados
sal y pimienta negra molida

2 Cueza las judías y las patatas en agua hirviendo con sal y por separado. Escúrralas y póngalas en una ensaladera junto con la lechuga, el atún, las anchoas, las aceitunas, los tomates, las cebolletas y las alcaparras.

3 Tueste los piñones en una sartén pequeña a fuego medio hasta que estén ligeramente dorados.

1 Mezcle el aceite, el vinagre, la mostaza, el ajo, la sal y la pimienta con una cuchara de madera.

4 Esparza los piñones calientes por encima de la ensalada, añada los huevos duros troceados y mezcle bien todos los ingredientes. Sírvala enseguida con pan caliente y crujiente.

CONSEJO DEL COCINERO
Cuando compre las patatas, escoja las más pequeñas que encuentre, así se cocerán más rápido.

PIZZAS DE PAN FRANCÉS CON ALCACHOFAS

El crujiente pan francés resulta una base ideal para estas pizzas.

Tiempo de preparación: 4 min
Tiempo de cocción: 14-16 min

RACIONES: 4

1 cs de aceite de girasol
1 cebolla, picada
1 pimiento verde, sin semillas y picado
200 g de tomates de lata, troceados
1 cs de tomate triturado
$^1/_2$ barra de pan francés (baguette)
400 g de corazones de alcachofa de tarro
   o lata, escurridos
115 g de mozzarella, a rodajas
1 cs de semillas de amapola
sal y pimienta negra molida

1 Caliente el aceite en una sartén y rehogue la cebolla picada y el pimiento durante 4 min, o hasta que se ablanden.

2 Añada los tomates troceados y el tomate triturado. Deje que se cueza todo junto durante 4 min, removiendo de vez en cuando. Luego, aparte la sartén del fuego y salpimiéntelo al gusto.

3 Corte la barra de pan a lo largo por la mitad y corte cada mitad en cuatro trozos.

4 Con una cuchara, esparza un poco de la mezcla de tomate y pimiento por encima de cada trozo de pan. Precaliente el gratinador.

5 Corte los corazones de alcachofa a rodajas y distribúyalos por encima del tomate y pimiento. Cúbralo con una rodaja de *mozzarella* y espolvoréelo con las semillas de amapola.

6 Ponga las pizzas en una parrilla o bandeja para el horno y gratínelas durante 6-8 min, o hasta que el queso se funda y comience a dorarse. Sírvalas enseguida.

ESPAGUETIS CON SALSA DE MARISCO

Tiempo de preparación: 4 min
Tiempo de cocción: 16 min

RACIONES: 4

45 ml o 3 cs de aceite de oliva
1 cebolla mediana, picada
1 diente de ajo, picado fino
225 g de espaguetis
600 ml de passata (puré de tomate colado)
1 cs de tomate triturado
1 cp de orégano seco
1 hoja de laurel
1 cp de azúcar granulado
115 g de camarones cocidos y pelados
   (bien limpios si son de lata)
115 g de gambas cocidas, peladas
175 g de almejas cocidas o berberechos
   (bien limpios si son de lata)
15 ml o 1 cs de zumo de limón
3 cs de perejil fresco, picado
25 g o 2 cs de mantequilla
sal y pimienta negra molida
4 gambas cocidas y enteras, para adornar

1 Caliente el aceite en una sartén y rehogue la cebolla y el ajo a fuego lento durante 5 min, o hasta que la cebolla esté blanda.

2 Mientras tanto, cueza los espaguetis en agua hirviendo con un poco de sal durante 10-12 min. Añada la *passata*, el tomate triturado, el orégano, el laurel y el azúcar a la mezcla de ajo y cebolla, y sazónelo bien. Cuando rompa a hervir baje el fuego y deje que se cueza 2-3 min.

3 Añada el marisco, el zumo de limón y la mitad del perejil. Remueva la salsa, tápela y deje que se cueza 6-7 min.

4 Escurra los espaguetis cuando estén *al dente*. Luego, eche la mantequilla a la cacerola, añada los espaguetis escurridos, mézclelo bien y sazónelo.

5 Reparta los espaguetis en cuatro platos precalentados y vierta la salsa de marisco por encima. Espolvoree el resto del perejil picado, adórnelos con una gamba entera y sírvalos enseguida.

REVOLTILLO DE PIMIENTO

Tiempo de preparación: 3-4 min
Tiempo de cocción: 15 min

RACIONES: 4

30 ml o 2 cs de aceite de oliva
1 cebolla, picada
1 pimiento rojo
1 pimiento verde
4 tomates, pelados y troceados
1 diente de ajo, majado
4 huevos grandes
pimienta negra molida
tostadas integrales, para acompañar

1 Caliente el aceite en una sartén grande y rehogue la cebolla ligeramente, hasta que se ablande.

3 Vierta el huevo por encima de los vegetales y deje que se cueza durante 2-3 min, removiendo de vez en cuando, hasta que el huevo se haya cuajado ligeramente. Sírvalo enseguida acompañado de tostadas integrales calientes.

2 Quite las semillas de ambos pimientos y córtelos a rodajas finas. Agréguelos a la sartén y deje que se cuezan a fuego lento junto con la cebolla unos 5 min. Añada el tomate y el ajo, y sazónelo con pimienta. Deje que se haga 5 min más, o hasta que la mezcla se haya espesado ligeramente. Bata los huevos en un bol con 15 ml o 1 cs de agua.

CONSEJO DEL COCINERO
Asegúrese de que los huevos sean bien frescos y, cuando los añada al pimiento, no los cueza demasiado o no quedarán esponjosos.

BRÓCOLI Y COLIFLOR GRATINADOS

El brócoli y la coliflor combinan estupendamente. En esta receta se les añade una sencilla salsa de yogur por encima.

Tiempo de preparación: 3 min
Tiempo de cocción: 11 min

RACIONES: 4

1 coliflor pequeña, de unos 250 g
1 brócoli pequeño, de unos 250 g
150 ml de yogur natural
115 g de queso cheddar o leicester rojo
1 cp de mostaza de grano entero
2 cs de pan rallado integral
sal y pimienta negra molida

1 Parta los ramilletes de brócoli y coliflor y cuézalos en agua hirviendo y sal durante 8 min, o hasta que estén tiernos. Escúrralos bien y póngalos en una fuente resistente al horno.

3 Espolvoree el pan rallado por encima y ponga las verduras a gratinar hasta que se doren. Sírvalas enseguida.

2 Mezcle el yogur, el queso y la mostaza. Sazónelo con pimienta y viértalo por encima de la coliflor y del brócoli. Precaliente el gratinador.

CONSEJO DEL COCINERO
Cuando prepare la coliflor y el brócoli deseche las partes más duras de los troncos y parta los ramilletes en trozos iguales para que se cuezan al mismo ritmo. Las partes más tiernas de los troncos pueden pelarse, cortarse a rodajas finas y cocerse junto con los ramilletes.

ENSALADA DE VEGETALES Y BROTES DE SOJA

Para poder preparar esta sabrosa ensalada en el tiempo establecido, tendrá que cocer las patatas y el resto de vegetales paralelamente.

Tiempo de preparación: 5 min
Tiempo de cocción: 12-14 min

RACIONES: 4

450 g de patatas nuevas pequeñas
1 coliflor pequeña, cortada a ramilletes
225 g de judía boby, troceada
400 g de garbanzos de lata, escurridos
115 g de berros
115 g de soja germinada
8 cebolletas, cortadas a rodajas
4 cs de manteca de cacahuete crujiente
150 ml de agua caliente
1 cp de salsa de guindilla
2 cp de azúcar moreno suave
5 ml o 1 cp de salsa de soja
5 ml o 1 cp de zumo de lima

2 Mientras tanto, lleve otro cazo con agua y sal a ebullición. Cueza la coliflor durante 5 min, agregue las judías y cuézalo 5 min más. Escúrralas, enfríelas debajo de un chorro de agua y escúrralas de nuevo.

3 Ponga la coliflor y las judías en un cuenco y añada los garbanzos y las patatas cortadas por la mitad. Mezcle los berros, la soja y las cebolletas, repártalo en cuatro platos y añada los vegetales cocidos encima.

1 Ponga las patatas en un cazo y añada agua hasta cubrirlas. Cuando rompa a hervir, deje que se cuezan unos 10-12 min, o hasta que note que están tiernas cuando las pinche con un cuchillo afilado. Escúrralas, enfríelas debajo de un chorro de agua y escúrralas de nuevo.

4 Ponga la manteca de cacahuete en un bol y vierta el agua. Añada la salsa de guindilla, el azúcar, la salsa de soja y el zumo de lima. Bátalo bien y viértalo por encima de la ensalada. Sírvala enseguida, adornada con rodajas de lima si lo desea.

BUÑUELOS DE CALABACÍN
CON ENSALADA VARIADA

Esta original ensalada está hecha a base de buñuelos de calabacín aromatizados con menta y servidos calientes sobre un lecho de hojas de lechuga.

Tiempo de preparación: 5 min
Tiempo de cocción: 6 min

RACIONES: 2-3

450 g de calabacines
75 g de pan rallado
1 huevo
un pellizco de mostaza de Cayena
1 cs de menta fresca, picada
aceite para freír
15 ml o 1 cs de vinagre balsámico
45 ml o 3 cs de aceite de oliva extra virgen
200 g de hojas de lechuga variada
sal y pimienta negra molida

1 Corte los extremos de los calabacines. Rállelos gruesos y póngalos en un colador. Escurra el exceso de agua y ponga el calabacín rallado en un bol.

2 Añada el pan rallado, el huevo, la pimienta de Cayena y la menta picada. Sazónelo con sal y pimienta. Mézclelo bien, con una cuchara o con las manos limpias.

3 Haga bolas (del tamaño de una nuez) con la mezcla obtenida.

4 Caliente el aceite para freír a 180 ºC o hasta que si echa un dado de pan al aceite, éste se dore en 30-40 seg. Fría los buñuelos de calabacín por tandas durante 2 min. Escurra el exceso de aceite con papel de cocina.

5 Bata el vinagre y el aceite, y sazónelo bien.

6 Ponga las hojas de lechuga en un cuenco y vierta el aliño por encima. Remueva con cuidado. Añada los buñuelos y mézclelo ligeramente. Sírvalo enseguida, para poder comer los buñuelos mientras todavía están crujientes.

TORTILLA DE HIERBAS CON ENSALADA DE TOMATE

Esta receta es ideal para servir como tentempié o bien como almuerzo ligero.

Tiempo de preparación: 6 min
Tiempo de cocción: 6 min

RACIONES: 4

4 huevos, batidos
2 cs de hierbas frescas mezcladas, picadas
una nuez de mantequilla
45-60 ml o 3-4 cs de aceite de oliva
15 ml o 1 cs de zumo de naranja
5 ml o 1 cp de vinagre de vino tinto
1 cp de mostaza en grano
2 tomates grandes, a rodajas
sal y pimienta negra molida
ramitas de hierbas frescas, para adornar

1 Bata los huevos, junto con las hierbas y la sal. Caliente la mantequilla y un poco del aceite en una sartén para tortillas.

2 Cuando el aceite y la mantequilla comiencen a chisporrotear, vierta los huevos y déjelos 5 min, hasta que estén casi hechos, removiendo muy de vez en cuando con un tenedor.

3 Mientras tanto, caliente el resto del aceite en una sartén pequeña junto con el zumo de naranja, el vinagre y la mostaza. Salpimiéntelo al gusto.

4 Enrolle la tortilla y córtela en rodajas de 1 cm de grosor. Manténgalas enrolladas y póngalas enseguida en platos precalentados.

5 Distribuya las rodajas de tomate al lado de la tortilla y vierta la salsa caliente por encima. Adórnelo con ramitas de hierbas y sírvalo enseguida.

TOSTADAS A LOS TRES QUESOS

Tiempo de preparación: 2-3 min
Tiempo de cocción: 10-15 min

RACIONES: 2-4

4 rodajas gruesas de pan del día anterior
un poco de mantequilla o mostaza
75 g de queso brie
3 cs de queso fresco
50 g de queso parmesano rallado o cheddar
1 diente de ajo, majado
sal y pimienta negra molida
aceitunas negras, para adornar

1 Precaliente el horno a 200 °C. Ponga las rebanadas de pan en una placa para el horno y úntelas con mantequilla o mostaza.

2 Corte el *brie* en lonchas finas y póngalas encima del pan.

3 Mezcle el queso fresco con el parmesano o *cheddar*, y el ajo. Salpiméntelo al gusto. Úntelo por encima del *brie* y del pan, procurando untar la mezcla hasta el borde.

4 Hornéelo durante 10-15 min, o hasta que el queso se dore y burbujee. Sírvalo enseguida, adornado con aceitunas negras.

CONSEJO DEL COCINERO
Si tiene *brie* que no está demasiado seco, ésta es una forma excelente de utilizarlo. Necesitará cuchillo y tenedor para comer este sabroso entrante.

PASTA CON BRÓCOLI Y ALCACHOFAS

Tiempo de preparación: 5 min
Tiempo de cocción: 13 min

RACIONES: 4

105 ml o 7 cs de aceite de oliva
1 pimiento rojo, sin semillas, cortado
a cuartos y a tiras finas
1 cebolla, cortada por la mitad
y a tiras finas
1 cp de tomillo seco
45 ml o 3 cs de vinagre de jerez
450 g de pasta fresca o seca, como penne
(macarrones estriados) o fusilli
(espirales)
2 tarros de 175 g de corazones de alcachofa
adobados, escurridos y troceados
150 g de brócoli cocido, troceado
20-25 aceitunas negras, deshuesadas
y troceadas
2 cs de perejil fresco picado
sal y pimienta negra molida

2 Añada el tomillo y el vinagre de jerez. Deje que se cueza 30 seg más, remuévalo y reserve.

3 Mientras tanto, cueza la pasta en una olla grande con agua hirviendo y sal hasta que esté al dente. Escúrrala, y póngala en un cuenco grande. Añada 30 ml o 2 cs de aceite y mézclelo bien.

1 Caliente 30 ml o 2 cs de aceite en una sartén antiadherente. Añada el pimiento rojo y la cebolla y rehóguelos a fuego lento unos 8-10 min, o hasta que estén tiernos, removiendo de vez en cuando.

4 Añada las alcachofas, el brócoli, las aceitunas, el perejil, la mezcla de la cebolla y el resto del aceite a la pasta. Salpiméntela y remuévala. Déjela reposar al menos 5 min antes de servir.

PASTA CON VEGETALES DE PRIMAVERA

Tiempo de preparación
y de cocción: 20 min

RACIONES: 4

115 g de ramilletes de brócoli
115 g de puerros pequeños
225 g de espárragos, troceados
1 bulbo pequeño de hinojo
115 g de guisantes frescos o congelados
40 g o 3 cs de mantequilla
1 chalote, troceado
3 cs de hierbas frescas mezcladas,
*   troceadas (como perejil, tomillo*
*   y artemisa)*
300 ml de nata líquida
350 g de pasta penne *seca (macarrones*
*   estriados)*
sal y pimienta negra molida
queso parmesano, recién rallado

1 Separe los ramilletes de brócoli. Corte los puerros y los espárragos al bies en trozos de unos 5 cm. Trocee el bulbo de hinojo.

2 Cueza los vegetales en agua hirviendo con sal hasta que estén tiernos. Sáquelos de la olla con una espumadera y manténgalos calientes.

3 Derrita la mantequilla en una cacerola aparte, añada el chalote y rehóguelo, removiendo de vez en cuando, hasta que esté blando pero sin que llegue a dorarse. Agregue las hierbas y la nata líquida, y deje que se cueza unos minutos.

4 Mientras tanto, cueza la pasta en agua hirviendo con sal hasta que esté *al dente*. Escúrrala bien y añádala a la salsa con los vegetales. Mézclelo todo y sazone con pimienta negra.

5 Sirva la pasta enseguida con abundante queso parmesano recién rallado espolvoreado por encima.

ARROZ ROJO FRITO

Este apetitoso plato de arroz debe su éxito tanto a los llamativos colores de la cebolla roja, del pimiento rojo y de los tomates cherry como a sus característicos aromas.

RACIONES: 2

225 g de arroz basmati
30 ml o 2 cs de aceite de chufa
1 cebolla roja grande, picada
1 pimiento rojo, sin semillas y troceado
350 g de tomates cherry, cortados
   por la mitad
4 huevos, batidos
sal y pimienta negra molida

Tiempo de preparación: 3-4 min
Tiempo de cocción: 13-15 min

1 Limpie el arroz varias veces en un cuenco con agua fría. Escúrralo bien. Lleve una olla grande con agua a ebullición, añada el arroz y cuézalo durante 10-12 min.

2 Mientras tanto, caliente el aceite en un wok. Cuando esté muy caliente, eche la cebolla y el pimiento rojo, y fríalos 2-3 min. Añada los tomates *cherry* y sofríalos durante 2 min más.

3 Agregue los huevos batidos y déjelos 30 seg sin remover. Luego, remueva para trocear el huevo mientras se cuaja.

4 Escurra bien el arroz, añádalo al wok y remuévalo durante 3 min, sin apagar el fuego, para que se mezcle con el huevo y los vegetales. Sazónelo al gusto.

HAMBURGUESAS DE TERNERA CON QUESO *STILTON* FUNDIDO

Estas hamburguesas son algo más sofisticadas que las tradicionales pues esta sabrosa receta esconde una sorpresa: el queso Stilton ligeramente fundido entre ellas les aporta un toque absolutamente delicioso.

Tiempo de preparación: 5 min
Tiempo de cocción: 10 min

RACIONES: 4

450 g de carne de ternera picada
1 cebolla, picada fina
1 tallo de apio, picado
1 cp de hierbas secas mezcladas
1 cp de mostaza
50 g de queso Stilton *azul*, desmenuzado
4 panecillos para hamburguesas
sal y pimienta negra molida

1 Ponga la carne picada, la cebolla y el apio en un bol, y sazónelo bien.

2 Añada las hierbas y la mostaza, y remuévalo bien hasta obtener una textura firme.

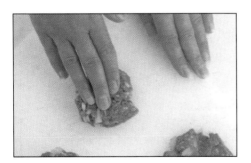

3 Divida la mezcla en ocho porciones iguales. Ponga cuatro en una tabla y cháfelas ligeramente.

4 Ponga el queso desmenuzado en el centro de cada porción.

5 Chafe el resto de la mezcla y póngala encima de las porciones con el queso. Trabaje la mezcla con las manos, de manera que el queso quede en el centro, y déle forma de hamburguesa. Precaliente el gratinador.

6 Póngalas bajo el gratinador durante 10 min, dándoles la vuelta una vez. Ponga una hamburguesa en el interior de cada panecillo y sírvalo con ensalada y con mostaza o *ketchup*, aunque no es imprescindible ya que el *Stilton* le da un toque muy sabroso.

PALITOS DE PLATIJA REBOZADOS

*Estos crujientes palitos de pescado
rebozado son muy rápidos de preparar.*

Tiempo de preparación: 10-12 min
Tiempo de cocción: 6-7 min

RACIONES: 4

*275 g de filetes de platija, sin piel
2 huevos
115 g de pan rallado fino
75 g de harina de trigo
sal y pimienta negra molida
aceite, para freír
rodajas de limón y salsa tártara, al servir*

2 Casque los huevos en un bol y bátalos bien con un tenedor. Ponga pan rallado en un plato hondo y la harina en una bolsa grande de polietileno, bien sazonada con sal y pimienta negra.

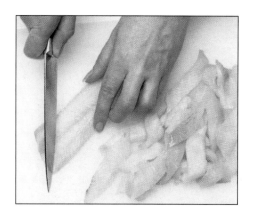

1 Corte los filetes de pescado en tiras diagonales de unos 2 cm de grosor cada una.

3 Sumerja las tiras de pescado en el huevo para que se empapen bien y póngalas en un plato. Luego, meta unas cuantas en la bolsa con la harina y sacúdalas. Sumerja el pescado otra vez en el huevo y luego empánelas bien por ambos lados. Póngalas en una bandeja sin que se junten.

4 Cubra con 1 cm de aceite una sartén grande y caliéntelo a fuego medio-fuerte. Cuando esté bien caliente, fría los palitos de pescado por tandas durante 2-2 $\frac{1}{2}$ min, dándoles la vuelta una vez. No fría demasiados a la vez. Escúrralos en papel de cocina y manténgalos calientes. Sírvalos con salsa tártara y rodajas de limón.

RIÑONES DE TERNERA CON MOSTAZA

En Francia, lugar de donde es originaria esta receta, los riñones de ternera son fáciles de encontrar, pero este plato queda también excelente con riñones de cordero.

RACIONES: 4

2 riñones de ternera u 8-10 de cordero, troceados y sin las membranas
25 g o 2 cs de mantequilla
15 ml o 1 cs de aceite vegetal
115 g de champiñones pequeños, cortados a cuartos
60 ml o 4 cs de caldo de pollo
30 ml o 2 cs de brandy (opcional)
175 ml de crème fraîche o de nata líquida
2 cs de mostaza de Dijon
sal y pimienta negra molida
cebollino fresco, troceado, para decorar

Tiempo de preparación: 5 min
Tiempo de cocción: 10-12 min

1 Trocee los riñones de ternera, desechando la grasa. Si emplea riñones de cordero, quítele la parte central haciendo un corte en forma de V en el centro. Corte cada riñón en tres o cuatro trozos.

2 Derrita la mantequilla junto con el aceite en una sartén grande a fuego fuerte y remueva para que se mezclen. Saltee los riñones unos 3-4 min, removiendo constantemente, hasta que estén dorados. Póngalos en un plato.

CONSEJO DEL COCINERO
Una vez haya añadido la mostaza no cueza demasiado la salsa o perderá su sabor picante.

3 Añada los champiñones a la sartén y saltéelos unos 2-3 min, hasta que estén dorados, removiendo con frecuencia. Vierta el caldo de pollo y el brandy, si emplea, y cuando rompa a hervir deje que se cueza durante 2 min.

4 Baje el fuego, agregue la *crème fraîche* o la nata líquida y deje que se cueza unos 2-3 min, hasta que la salsa se haya espesado un poco. Añada la mostaza y salpimiéntelo. Eche los riñones y recaliéntelos durante 1 min. Póngalos en un cuenco, espolvoree un poco de cebollino por encima y sírvalo.

CHULETAS DE CORDERO CON VINAGRETA A LA MENTA

Servir vinagretas con carne fue una innovación de la nouvelle cuisine. En esta receta se propone una combinación clásica -cordero y menta- pero preparada de una manera especial.

Tiempo de preparación: 4 min
Tiempo de cocción: 6-7 min

RACIONES: 4

8 chuletas cordero, de unos 2 cm de grosor
pimienta negra, molida gruesa
menta fresca, para decorar
patatas salteadas, de guarnición
Para la vinagreta a la menta
30 ml o 2 cs de vinagre de vino blanco
$1/2$ cp de miel líquida
1 diente de ajo pequeño, picado muy fino
60 ml o 4 cs de aceite de oliva extra virgen
20 g de hojas de menta fresca, picadas finas
1 tomate rojo maduro, pelado, sin semillas
   y a dados pequeños
sal y pimienta negra molida

1 Para preparar la vinagreta, ponga el vinagre, la miel, el ajo, la sal y la pimienta en un bol, y bátalo todo bien.

2 Añada el aceite poco a poco. Luego, agregue la menta y el tomate, y resérvelo.

3 Ponga las chuletas de cordero sobre una tabla y corte el exceso de grasa. Espolvoree con un poco de pimienta y apriete ambas caras de la carne.

CONSEJO DEL COCINERO
Las chuletas también pueden hacerse bajo el gratinador previamente calentado o en la barbacoa. Si las hace en la barbacoa, póngalas sobre una parrilla para poder darles la vuelta más fácilmente.

4 Vierta un poco de aceite sobre una parrilla y caliéntela a fuego fuerte pero sin que llegue a humear. Ponga las chuletas y baje el fuego a la mitad. Áselas unos 6-7 min, dándoles la vuelta una vez, o hasta que estén hechas (dependiendo de si le gustan poco hechas, al punto o muy hechas). Sirva las chuletas con la vinagreta y unas patatas salteadas. Adórnelas con una ramita de menta.

TIRAS DE CARNE CON NARANJA Y JENGIBRE

Para preparar esta original y sabrosa receta es importante que emplee carne tierna. Acompáñela con arroz o fideos.

RACIONES: 4

450 g de filete o solomillo de ternera, cortado a tiras finas
zumo y corteza rallada de 1 naranja
1 cs de salsa de soja clara
1 cs de harina de maíz
un trozo de 2,5 cm de raíz de jengibre fresca, picada fina
15 ml o 1 cs de aceite de girasol
1 zanahoria grande, a tiras finas
2 cebolletas, a rodajas finas
fideos o arroz, para acompañar

Tiempo de preparación: 15 min
Tiempo de cocción: 5 min

1 Ponga las tiras de ternera en un cuenco y añada la corteza y zumo de naranja. Si es posible, déjelo adobar durante 10 min o incluso 30 min si dispone de tiempo.

2 Escurra el líquido de la carne y resérvelo. Luego, mezcle la carne con la salsa de soja, la harina de maíz y el jengibre.

3 Caliente el aceite en un wok o en una sartén grande y dore ligeramente la ternera. Añada la zanahoria y deje que se cueza durante 2-3 min más.

4 Agregue las cebolletas y el líquido que había reservado, y deje que se cueza hasta que rompa a hervir y espese. Sírvalo caliente, con fideos o arroz.

CONSEJO DEL COCINERO
Justo antes de servir, eche 5 ml o 1 cp de aceite de sésamo por encima de la carne. Si no dispone de aceite de sésamo, emplee aceite de ají o de avellana o nuez.

CERDO AGRIDULCE
AL ESTILO TAILANDÉS

La cocina agridulce es una creación china, pero es también muy utilizada en la cocina tailandesa. Esta versión presenta un sabor muy fresco y definido.

Tiempo de preparación: 6 min
Tiempo de cocción: 12-14 min

RACIONES: 4

350 g de cerdo magro
30 ml o 2 cs de aceite vegetal
4 dientes de ajo, a rodajas finas
1 cebolla roja pequeña, a rodajas finas
2 cs de salsa de pescado
1 cs de azúcar granulado
1 pimiento rojo, sin semillas y a dados
$^{1}/_{2}$ pepino, sin semillas y a rodajas
2 tomates rojos, cortados a gajos
2 cebolletas, a tiras cortas
115 g de piña, cortada a dados pequeños
pimienta negra molida
hojas frescas de cilantro e hilos
    de cebolletas, para adornar

2 Sofría el ajo. Cuando esté dorado añada el cerdo y sofríalo 4-5 min más. Luego, agregue la cebolla.

3 Sazone la mezcla de carne, ajo y cebolla con la salsa de pescado, el azúcar y la pimienta negra molida. Deje que se cueza durante 4 min, o hasta que el cerdo esté hecho, removiendo de vez en cuando.

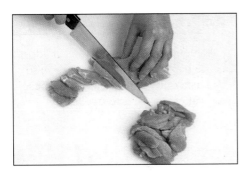

1 Corte la carne en lonchas finas y caliente el aceite en un wok o en una sartén.

4 Añada el resto de vegetales junto con la piña (quizá necesite añadir algunas cucharadas de agua). Deje que se sofría durante 3-4 min más. Sírvalo caliente, adornado con cilantro y cebolleta por encima.

POLLO CALIENTE CON ENSALADA DE VEGETALES

En esta receta se combinan tiras de pollo y vegetales aliñados con una salsa ligera de guindilla.

RACIONES: 6

50 g de hojas de ensalada variada
50 g de hojas pequeñas de espinacas
50 g de berros
2 cs de salsa de guindilla
30 ml o 2 cs de jerez seco
1 cs de salsa de soja clara
1 cs de ketchup
10 ml o 2 cp de aceite de oliva
8 chalotes, picados finos
1 diente de ajo, majado
350 g de pechugas de pollo deshuesadas
   y sin piel, a tiras finas
1 pimiento rojo, sin semillas y a rodajas
175 g de tirabeques
400 g de mazorcas pequeñas, escurridas
   y cortadas por la mitad
275 g de arroz integral
sal y pimienta negra molida
ramitas de perejil fresco, para adornar

Tiempo de preparación: 7 min
Tiempo de cocción: 10 min

1 Trocee las hojas grandes de lechuga y póngalas en platos junto con las hojas de espinacas. Añada los berros y mézclelo todo.

2 Ponga la salsa de guindilla, el jerez, la salsa de soja y el *ketchup* en un bol y resérvelo.

3 Caliente el aceite en una sartén antiadherente o en un wok. Añada los chalotes y el ajo, y rehóguelo a fuego medio durante 1 min.

4 Añada el pollo y deje que se haga durante 3-4 min. Luego, eche el pimiento, los tirabeques, las mazorcas pequeñas y el arroz, y deje que se hagan durante 2-3 min más.

CONSEJO DEL COCINERO
Puede sustituir el pollo por otro tipo de carne poco grasa como pechuga de pavo, trozos de ternera o de cerdo magro. Incluso puede emplear gambas, pero si son cocidas añádalas a la sartén junto con la salsa de guindilla para que no se hagan demasiado.

5 Vierta la mezcla de salsa de guindilla y deje que se cueza unos 2-3 min, hasta que esté caliente y burbujee. Sazónelo al gusto. Reparta la mezcla del pollo sobre las hojas de lechuga y sírvalo enseguida, adornado con perejil fresco.

POLLO ESPECIADO CAJÚN

Estos finos filetes, de ave o de carne, suelen estar presentes en los menús de los restaurantes de comida rápida. Se pueden servir con una gran variedad de salsas.

Tiempo de preparación: 2 min
Tiempo de cocción: 10-15 min

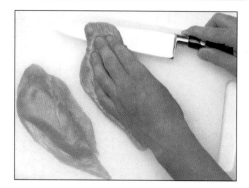

1 Abra las pechugas de pollo por la mitad, procurando que ambos trozos tengan el mismo grosor. Cháfelos ligeramente con la mano.

2 En una sartén ponga la mantequilla y derrítala a fuego lento. No deje que se dore.

3 Mezcle el resto de los ingredientes en un bol, añadiendo 1½ cp de sal y otra de pimienta. Unte el pollo por ambos lados con un poco de mantequilla derretida y espolvoree con la mezcla especiada.

RACIONES: 6

6 pechugas medianas de pollo, deshuesadas y sin piel
75 g de mantequilla
1 cp de ajo en polvo
2 cp de cebolla en polvo
2 cp de pimentón
½ cp de comino molido
1 cp de tomillo seco
sal y pimienta negra molida
hojas de ensalada y tiras de pimiento, para adornar

4 Caliente una sartén grande de fondo pesado durante 5-8 min, o hasta que echándole una gota de agua, chisporrotee.

5 Esparza 1 cp de mantequilla derretida por encima de cada trozo de pollo. Páselos por la sartén, dos o tres trozos cada vez, y déjelos que se hagan unos 2-3 min, hasta que la parte de debajo comience a ennegrecerse. Déles la vuelta y hágalos 2-3 min más por el otro lado. Sáquelos de la sartén y manténgalos calientes mientras hace el resto del pollo. Sírvalo caliente con hojas de ensalada y tiras de pimiento.

VARIACIÓN
Si quiere preparar un plato de *Pescado especiado cajún*, sustituya el pollo por filetes de pescado pero no los corte por la mitad. Sazónelos igual que las pechugas de pollo y hágalos durante 2 min por un lado y 1½-2 min por el otro.

BACALAO CRIOLLO

Son infinitas las posibilidades de cocinar el bacalao. Ésta es una sencilla, pero suculenta, receta a base de vegetales.

Tiempo de preparación: 5 min
Tiempo de cocción: 10 min

RACIONES: 4

450 g de filetes de bacalao, sin piel
15 ml o 1 cs de zumo de lima o limón
10 ml o 2 cp de aceite de oliva
1 cebolla mediana, picada fina
1 pimiento verde, sin semillas
  y cortado a rodajas
$^1/_2$ cp de pimienta de Cayena
$^1/_2$ cp de sal de ajo
400 g de tomates enlatados

1 Trocee los filetes de bacalao y rocíelos con el zumo de lima o limón.

3 Eche los trozos de bacalao y los tomates troceados. Cuando rompa a hervir, tape la sartén y deje que se cuezan unos 5 min, o hasta que el pescado se abra fácilmente cuando lo pinche con un cuchillo. Sírvalo con arroz hervido o patatas.

2 Caliente el aceite en una sartén grande y saltee la cebolla y el pimiento a fuego lento hasta que se ablanden. Añada la pimienta y la sal de ajo.

CONSEJO DEL COCINERO
Procure que el pescado no se haga demasiado y que la salsa no burbujee con demasiada intensidad, o los trozos de pescado se romperán. Pruebe el pescado con frecuencia y apártelo del fuego en cuanto esté hecho.

PESCADO A LAS CINCO ESPECIAS

La mezcla china de sabores picante, dulce y ácido queda deliciosa en esta receta de pescado.

RACIONES: 4

*4 filetes de pescado blanco como
   bacalao, abadejo o merluza,
   de unos 175 g cada uno
1 cp de polvo de cinco especias chinas
4 cp de harina de maíz
15 ml o 1 cs de aceite de girasol
3 cebolletas, a tiras finas
1 cp de raíz de jengibre fresca, rallada
150 g de champiñones pequeños, a rodajas
115 g de mazorcas pequeñas, a rodajas
2 cs de salsa de soja
45 ml o 3 cs de jerez dulce
1 cp de azúcar moreno granulado*

Tiempo de preparación: 8 min
Tiempo de cocción: 10 min

1 Pase el pescado por la mezcla del polvo de las cinco especias y la harina de maíz.

3 Mezcle la salsa de soja, el jerez y el azúcar, y viértalo por encima del pescado. Deje que se cueza durante 2 min y sazónelo al gusto. Sírvalo con fideos y vegetales rehogados.

2 Caliente el aceite en una sartén y sofría las cebolletas, el jengibre, los champiñones y las mazorcas pequeñas durante 1 min. Añada el pescado y fríalo durante 2 min, dándole la vuelta una vez.

CONSEJO DEL COCINERO
Encontrará fideos chinos en la mayoría de los supermercados grandes. Resultan un acompañamiento muy rápido de preparar, ya que sólo tienen que sumergirse en agua hirviendo durante unos minutos.

PINCHOS DE CABALLA
CON ALIÑO DE PEREJIL

*Los pescados grasos, como la caballa,
son ideales para asar ya que se hacen muy
rápido y no necesitan aceite.*

RACIONES: 4

450 g de filetes de caballa
zumo y corteza rallada fina de 1 limón
3 cs de perejil fresco, picado
16 tomates cherry
8 aceitunas negras, deshuesadas
sal y pimienta negra molida

Tiempo de preparación: 8 min
Tiempo de cocción: 4 min

1 Corte el pescado en trozos de unos
4 cm y mézclelos en un bol con la mitad
de la corteza y del zumo de limón, la mitad
del perejil y un poco de sal y pimienta.

2 Precaliente el gratinador. Ensarte
los trozos de pescado en ocho pinchos
largos de metal o madera, alternándolos
con los tomates y las aceitunas. Póngalos
bajo el gratinador 3-4 min, dándoles la
vuelta de vez en cuando.

CONSEJO DEL COCINERO
Si emplea pinchos de madera
o bambú, sumérjalos en un bol
con agua fría durante 10 min para evitar
que se chamusquen.

3 Mezcle el resto de la corteza y del
zumo de limón, junto con el resto del
perejil en un bol y salpimiéntelo al gusto.
Vierta el aliño por encima de los pinchos
y sírvalos calientes, acompañados de arroz
o fideos y ensalada verde.

VARIACIÓN
Puede emplearse otro tipo de pescados
de carne firme. En ocasiones especiales,
puede preparar los pinchos con filetes
de salmón o con cola de rape, o bien
pruebe a hacerlos mezclando ambos
pescados, alternando un trozo de cada
uno con los tomates y las aceitunas.

SALMÓN CON SALSA DE BERROS

Tiempo de preparación: 2-3 min
Tiempo de cocción: 16 min

RACIONES: 4

300 ml de crème fraîche
2 cs de estragón fresco, picado
25 g o 2 cs de mantequilla sin sal
15 ml o 1 cs de aceite de girasol
4 filetes de salmón, sin piel
1 diente de ajo, majado
120 ml de vino blanco seco
1 manojo de berros
sal y pimienta negra molida

3 Añada el ajo y fríalo ligeramente. Luego, agregue el vino y deje que hierva hasta que quede reducido a 15 ml o 1 cs.

1 Caliente la *crème fraîche* a fuego lento en un cazo hasta que empiece a hervir. Retire el cazo del fuego, añada la mitad del estragón y déjelo reposar mientras prepara el pescado.

4 Mientras tanto, arranque las hojas de los berros de sus tallos y píquelas finas. Deseche las que estén estropeadas.

2 Caliente la mantequilla y el aceite en una sartén, añada el salmón y fríalo durante 3-5 min por cada lado. Sáquelo de la sartén y manténgalo caliente.

5 Cuele la crema de hierbas en la sartén y deje que se cueza unos minutos a fuego lento, removiendo hasta que se haya espesado. Eche el resto del estragón y de los berros y déjelos que se hagan unos minutos. Sazone y vierta la salsa por encima del salmón.

MERLUZA CON SALSA

*También puede preparar esta receta
con bacalao o abadejo.*

> Tiempo de preparación: 3 min
> Tiempo de cocción: 15-16 min

RACIONES: 4

30 ml o 2 cs de aceite de oliva
25 g o 2 cs de mantequilla
1 cebolla, picada
3 dientes de ajo, majados
1 cs de harina de trigo
$^1/_2$ cp de pimentón
4 rodajas de merluza, de unos 175 g
  cada una
250 g de judía fina, troceada
350 ml de caldo de pescado
150 ml de vino blanco seco
2 cs de jerez seco
16-20 mejillones vivos, limpios
3 cs de perejil fresco, picado
sal y pimienta negra molida
pan de barra, para acompañar

1 Caliente el aceite y la mantequilla en
una sartén, añada la cebolla y rehóguela
5 min, o hasta que esté blanda pero sin
llegar a dorarse. Añada el ajo y sofríalo
1 min más.

2 Mezcle la harina y el pimentón y
enharine ligeramente las rodajas
de merluza. Retire la cebolla y el ajo hacia
un lado de la sartén.

3 Añada las rodajas de merluza a
la sartén y fríalas hasta que estén
doradas por ambas caras. Añada las judías,
el caldo, el vino, el jerez, la sal y la
pimienta. Cuando rompa a hervir deje
que se cueza 2 min.

4 Agregue los mejillones y el perejil. Tape la sartén y deje que se hagan hasta que se abran.

5 Deseche aquellos mejillones que no se hayan abierto. Sirva la merluza en platos precalentados y con un poco de pan.

CABALLA CON MOSTAZA Y LIMÓN

Para disfrutar del sabor de la caballa, ésta tiene que ser muy fresca. Escójala con aspecto brillante y firme.

Tiempo de preparación: 5 min
Tiempo de cocción: 10-12 min

RACIONES: 4

4 caballas frescas, de unos 275 g
 cada una, limpias
175-225 g de hojas de espinacas tiernas

1 Con un cuchillo afilado corte la cabeza de las caballas justo por detrás de las agallas y ábralas.

2 Ponga el pescado con la piel hacia arriba y apriete con la mano para aflojar la espina.

3 Déle la vuelta y tire de la espina para arrancarla. Quite la cola y corte cada caballa por la mitad a lo largo. Límpielas y séquelas.

Para la salsa de mostaza y limón
115 g de mantequilla, derretida
2 cs de mostaza de grano entero
corteza rallada de 1 limón
30 ml o 2 cs de zumo de limón
3 cs de perejil fresco, troceado
sal y pimienta negra molida

4 Haga tres o cuatro incisiones en la piel del pescado, y sazónelo. Para preparar la salsa, mezcle la mantequilla derretida, la mostaza, la corteza y el zumo del limón, el perejil, y salpimiéntelo. Unte un poco de salsa por encima de las caballas y áselas durante 5 min por cada lado, o hasta que estén bien hechas.

5 Disponga las hojas de espinacas en el centro de cuatro platos grandes y ponga la caballa encima. Caliente el resto de la salsa de mantequilla en un cazo pequeño y viértala por encima de la caballa. Sírvala enseguida.

MEJILLONES AL VAPOR
CON HIERBAS TAILANDESAS

*Otro plato sencillo y rápido de preparar.
La hierba de limón le aporta un toque
refrescante.*

RACIONES: 4

1 kg de mejillones, limpios y sin las barbas
2 tallos de hierba de limón, picados finos
2 chalotes, picados
4 hojas de lima kaffir, troceadas
2 guindillas rojas, a rodajas
1 cs de salsa de pescado
30 ml o 2 cs de zumo de lima
cebolletas picadas y hojas de cilantro,
    para adornar

Tiempo de preparación: 5 min
Tiempo de cocción: 5-7 min

1 Ponga todos los ingredientes, excepto las cebolletas y el cilantro, en una cacerola grande y remuévalos bien.

3 Saque los mejillones con una espumadera y póngalos en una fuente.

2 Tape la cacerola y póngala a fuego medio-alto. Deje que los mejillones se hagan al vapor durante unos 5-7 min, removiendo la cacerola de vez en cuando. Deseche aquellos que no se hayan abierto.

4 Adorne los mejillones con las cebolletas picadas y las hojas de cilantro. Sírvalo enseguida.

GAMBAS CON CHILE

Esta picante combinación es ideal para servir como plato ligero en una cena informal. Acompáñelo con arroz, fideos o pasta recién hecha y con un poco de ensalada.

Tiempo de preparación: 5 min
Tiempo de cocción: 15 min

45 ml o 3 cs de aceite de oliva
2 chalotes, picados
2 dientes de ajo, picados
1 chile rojo, picado
450 g de tomates maduros, pelados,
*   sin semillas y troceados*
1 cs de tomate triturado
1 hoja de laurel
1 ramita de tomillo
90 ml o 6 cs de vino blanco seco
450 g de gambas grandes, cocidas y peladas
sal y pimienta negra molida
hojas de albahaca en trozos grandes,
*   para adornar*

1 Caliente el aceite en una sartén, y sofría los chalotes, el ajo y el chile hasta que el ajo comience a dorarse.

2 Añada los tomates, el tomate triturado, el laurel, el tomillo, el vino y sazónelo. Cuando rompa a hervir, baje el fuego y deje que se cueza 10 min, removiendo de vez en cuando, hasta que la salsa se haya espesado. Saque las hierbas.

3 Eche las gambas a la salsa y caliéntelas durante unos minutos. Pruébelo y rectifique el punto de sal. Esparza las hojas de albahaca por encima y sírvalo enseguida.

CONSEJO DEL COCINERO
Si prefiere que tenga un sabor más suave quítele las semillas al chile.

58

VIEIRAS CON JENGIBRE

Las vieiras necesitan muy poco tiempo de cocción, por lo que resultan ideales para una cena improvisada.

Tiempo de preparación: 6 min
Tiempo de cocción: 6-7 min

RACIONES: 4

8-10 vieiras, sin conchas
40 g o 3 cs de mantequilla
un trozo de 2,5 cm de raíz de jengibre
   fresca, picada fina
1 manojo de cebolletas, cortadas
   a rodajas al bies
60 ml o 4 cs de vermut blanco
250 ml de crème fraîche
sal y pimienta negra molida
perejil fresco troceado, para adornar

1 Corte el músculo duro opuesto al coral de cada una de las vieiras. Retire el coral y corte la carne blanca de la vieira por la mitad horizontalmente.

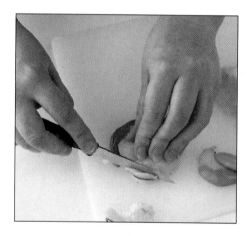

2 Derrita la mantequilla en una sartén. Eche las vieiras, incluidos los corales, y saltéelas unos 2 min, hasta que estén ligeramente doradas. Procure que no se hagan demasiado o se endurecerán. Saque las vieiras con una espumadera y póngalas en un plato precalentado. Manténgalas calientes.

3 Añada el jengibre y las cebolletas a la sartén y sofríalos 2 min. Vierta el vermut y deje que burbujee hasta que casi se haya evaporado. Agregue la *crème fraîche* y deje que se haga 5 min, hasta que se espese. Sazone.

4 Vierta la salsa por encima de las vieiras, adórnelas y sírvalas.

CESTITAS DE FRUTAS ROJAS

La masa filo es muy ligera e ideal para este elegante postre.

RACIONES: 6

3 láminas de masa filo (de unos 90 g)
15 ml o 1 cs de aceite de girasol
175 g de frutas carnosas como grosellas
  rojas, fresas y frambuesas
250 g de yogur griego
1 cp de azúcar glas

Tiempo de preparación: 8 min
Tiempo de cocción: 6-8 min

1 Precaliente el horno a 200 °C. Corte las láminas de masa filo en 18 cuadrados de unos 10 cm y tape la que sobre con film transparente para evitar que se seque.

2 Unte cada cuadrado de hojaldre con un poco de aceite y sobrepóngalos de tres en tres para hacer las seis cestitas. Hornéelas durante 6-8 min, o hasta que estén doradas y crujientes. Luego, saque con cuidado las cestitas del molde y déjelas enfriar durante 5-10 min.

3 Reserve algunas grosellas en sus tallos para decorar y arranque el resto. Échelas al yogur junto con las fresas y las frambuesas.

4 Reparta la mezcla del yogur en las cestitas. Decórelas con las ramitas de grosellas que ha reservado y, al servir, espolvoréelas con azúcar glas.

VARIACIÓN

Puede sustituir las grosellas, las fresas y las frambuesas por otro tipo de frutos carnosos como arándanos o moras. O bien puede emplear plátanos, nectarinas, melocotones o kiwis troceados.

ENSALADA FRÍA DE FRUTAS VERDES

Una ensalada sencilla y a la vez sofisticada apta para cualquier época del año.

Tiempo de preparación: 20 min
Tiempo de cocción: 30 seg

RACIONES: 6

3 melones ogen o galia
115 g uva verde sin semillas
2 kiwis
1 carambola
1 manzana de piel verde
1 lima
175 ml de zumo de uva

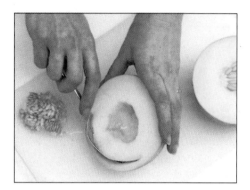

1 Corte los melones por la mitad y sáqueles las pepitas. Retire la pulpa con un vaciador, procurando dejar la corteza intacta, o bien con una cuchara; en ese caso corte la pulpa a dados. Reserve la corteza del melón.

3 Pele la lima y corte la corteza en tiras finas. Blanquee las tiras en agua hirviendo durante 30 seg, luego escúrralas y aclárelas en agua fría. Exprima la lima y vierta el zumo por encima de la fruta.

4 Reparta la fruta en las cortezas de melón. Si dispone de tiempo enfríelas y si no sírvalas recién preparadas, vertiendo el zumo de uva por encima de la fruta con una cuchara y esparciendo la corteza de limón por encima.

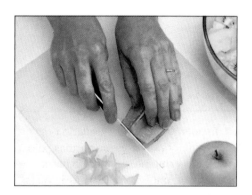

2 Arranque las uvas del racimo y si son grandes córtelas por la mitad. Pele y trocee el kiwi. Corte la carambola a rodajas finas. Sáquele el corazón a la manzana y córtela a rodajas. Ponga la manzana, el melón, la uva, el kiwi y la carambola en un cuenco, y remuévalo con cuidado.

CONSEJO DEL COCINERO
Si va a servir este postre en un caluroso día de verano, ponga las cortezas de melón sobre un plato con hielo picado para que la fruta se mantenga fresca.